THIS JOURNAL BELONGS TO:

_____

Jack

Amelia

Upton Sinclair

Pierre

Zeus

Apollo

Sterling

Sadleir

Nietzsche

Ender

Emma

Tiny
the
Usurper

Herbert

Tilsa

Jack

Amelia

Upton Sinclair

Pierre

Zeus

Apollo

Sterling

Sadleir

Nietzsche

Ender

Emma

Tiny
the
Usurper

Herbert

Tilsa

Jack

Amelia

Upton Sinclair

Pierre

Zeus

Apollo

Sterling

Sadleir

Nietzsche

Ender

Emma

Tiny
the
Usurper

Herbert

Tilsa

Jack

Amelia

Upton Sinclair

Pierre

Zeus

Apollo

Sterling

Sadleir

Nietzsche

Ender

Emma

Tiny
the
Usurper

Herbert

Tilsa

Jack

Amelia

Upton Sinclair

Pierre

Zeus

Apollo

Sterling

Nietzsche

Sadleir

Ender

Emma

Tiny
the
Usurper

Herbert

Tilsa

Jack

Amelia

Upton Sinclair

Pierre

Zeus

Apollo

Sterling

Sadleir

Nietzsche

Tiny
the
Usurper

Herbert

Tilsa

Jack

Amelia

Upton Sinclair

Pierre

Sterling

Sadleir

Nietzsche

Ender
Emma

Tiny
the
Usurper

Herbert

Tilsa

Jack

Amelia

Upton Sinclair

Pierre

Zeus

Apollo

Sterling

Sadleir

Nietzsche

Ender

Emma

Tiny
the
Usurper

Herbert

Tilsa

Jack

Amelia

Upton Sinclair

Pierre

Sterling

Sadleir

Nietzsche

Ender

Emma

Tiny
the
Usurper

Herbert

Tilsa

Jack

Amelia

Upton Sinclair

Pierre

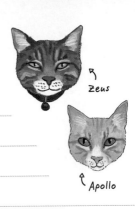

Zeus

Apollo

Sterling

Sadleir

Nietzsche

Tiny
the
Usurper

Herbert

Tilsa

Jack

Amelia

Upton Sinclair

Pierre

Zeus

Apollo

Sterling

Sadleir

Nietzsche

Ender

Emma

Tiny
the
Usurper

Herbert

Tilsa

Jack

Amelia

Upton Sinclair

Pierre

Zeus

Apollo

Sterling

Sadleir

Nietzsche

Ender

Emma

Tiny
the
Usurper

Herbert

Tilsa

Jack

Amelia

Upton Sinclair

Pierre

Zeus

Apollo

Sterling

Sadleir

Nietzsche

Ender

Emma

Tiny
the
Usurper

Herbert

Tilsa

Jack

Amelia

Upton Sinclair

Pierre

Zeus

Apollo

Sterling

Sadleir

Nietzsche

Ender

Emma

Tiny
the
Usurper

Herbert

Tilsa

Jack

Amelia

Upton Sinclair

Pierre

Zeus

Apollo

Sterling

Nietzsche

Sadleir

Ender

Emma

Tiny
the
Usurper

Herbert

Tilsa

Jack

Amelia

Upton Sinclair

Pierre

Zeus

Apollo

Sterling

Sadleir

Nietzsche

Tiny
the
Usurper

Herbert

Tilsa

Jack

Amelia

Upton Sinclair

Pierre

Zeus

Apollo

Sterling

Sadleir

Nietzsche

Ender

Emma

Tiny
the
Usurper

Herbert

Tilsa

Jack

Amelia

Upton Sinclair

Pierre

Zeus

Apollo

Sterling

Sadleir

Nietzsche

Ender

Emma

Tiny
the
Usurper

Herbert

Tilsa

Jack

Amelia

Upton Sinclair

Pierre

Sterling

Sadleir

Nietzsche

Tiny
the
Usurper

Herbert

Tilsa

Jack

Amelia

Upton Sinclair

Pierre

Zeus

Apollo

Sterling

Sadleir

Nietzsche

Ender

Emma

Tiny
the
Usurper

Herbert

Tilsa

Jack

Amelia

Upton Sinclair

Pierre

Zeus

Apollo

Sterling

Sadleir

Nietzsche

Ender

Emma

Tiny
the
Usurper

Herbert

Tilsa

Jack

Amelia

Upton Sinclair

Pierre

Zeus

Apollo

Sterling

Sadleir

Nietzsche

Ender

Emma

Tiny
the
Usurper

Herbert

Tilsa

Jack

Amelia

Upton Sinclair

Pierre

Sterling

Sadleir

Nietzsche

Tiny the Usurper

Herbert

Tilsa

Jack

Amelia